Impressum
Verlag: BABADADA GmbH, Nedderfeld 112 , 22529 Hamburg
Geschäftsführer / Verlagsleitung: Harald Hof
Druck: Books on Demand GmbH, In de Tarpen 42, 22848 Norderstedt

Imprint
Publisher: BABADADA GmbH, Nedderfeld 112 , 22529 Hamburg, Germany
Managing Director / Publishing direction: Harald Hof
Print: Books on Demand GmbH, In de Tarpen 42, 22848 Norderstedt

mokykla

school

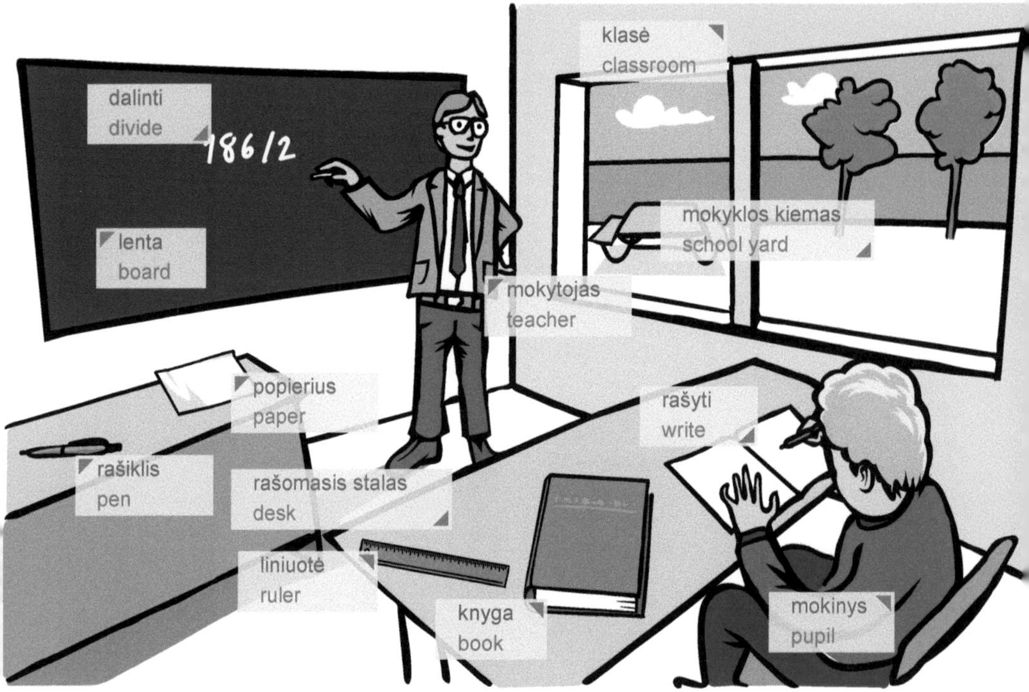

klasė
classroom
dalinti
divide
186/2
lenta
board
mokyklos kiemas
school yard
mokytojas
teacher
popierius
paper
rašyti
write
rašiklis
pen
rašomasis stalas
desk
liniuotė
ruler
knyga
book
mokinys
pupil

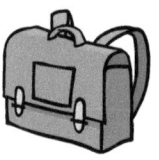

kuprinė

satchel

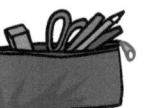

penalas

pencil case

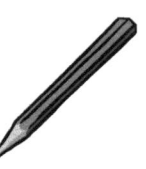

pieštukas

pencil

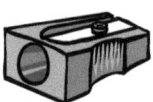

drožtukas

pencil sharpener

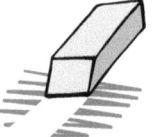

trintukas

rubber

piešimo bloknotas

drawing pad

piešinys

drawing

teptukas

paintbrush

dažų dėžutė

paint box

žirklės

scissors

klijai

glue

vadovėlis

exercise book

namų darbai

homework

12

numeris

number

2+2

pridėti

add

5-2

atimti

subtract

2×2

dauginti

multiply

skaičiuoti

calculate

raidė

letter

**ABCDEFG
HIJKLMN
OPQRSTU
VWXYZ**

abėcėlė

alphabet

žodis

word

tekstas

text

skaityti

read

kreida

chalk

pamoka

lesson

dienynas

register

egzaminas

examination

pažymėjimas

certificate

mokyklinė uniforma

school uniform

išsilavinimas

education

enciklopedija

encyclopedia

universitetas

university

mikroskopas

microscope

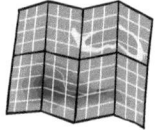

žemėlapis

map

šiukšliadėžė

waste-paper basket

kelionė
travel

viešbutis
hotel
Grand
svečių namai
hostel
ROOMS
valiutos keitykla
currency exchange office
EXCHANGE
lagaminas
suitcase
mašina
car

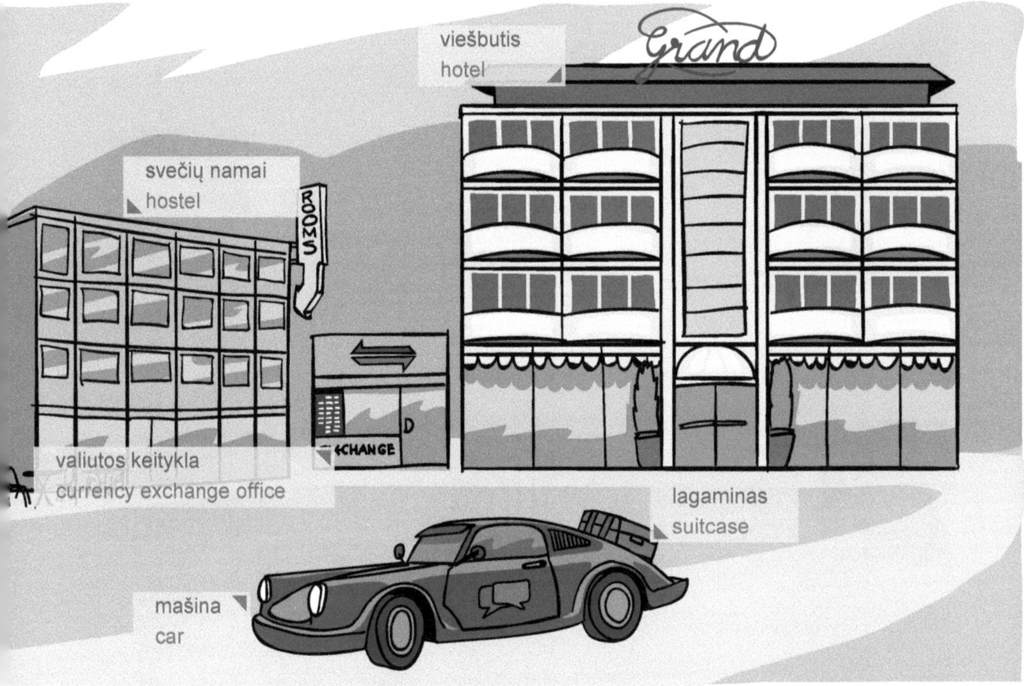

kalba
language

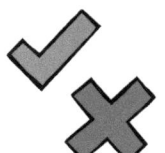

taip / ne
yes / no

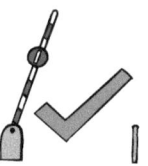

Gerai
Okay

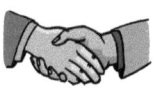

sveiki
hello

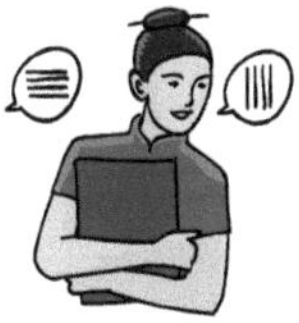

vertėjas raštu
translator

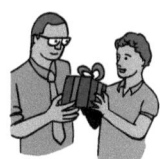

Ačiū
Thank you

kiek kainuoja...?

how much is...?

aš nesuprantu

I don´t get it

problema

problem

Labas vakaras!

Good evening!

Labas rytas!

Good morning!

Labos nakties!

Good night!

viso gero

goodbye

kryptis

direction

bagažas

luggage

krepšys

bag

kuprinė

backpack

svečias

guest

kambarys

room

miegmaišis

sleeping bag

palapinė

tent

kelionė - travel

turizmo informacija	paplūdimys	kreditinė kortelė
tourist information	beach	credit card

pusryčiai	pietūs	vakarienė
breakfast	lunch	dinner
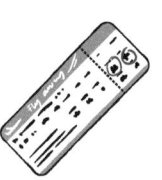		
bilietas	liftas	pašto ženklas
Ticket	elevator	stamp
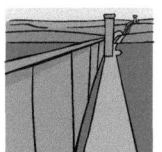		
siena	muitinė	ambasada
border	customs	embassy

viza	pasas	
visa	passport	

transportas

transport

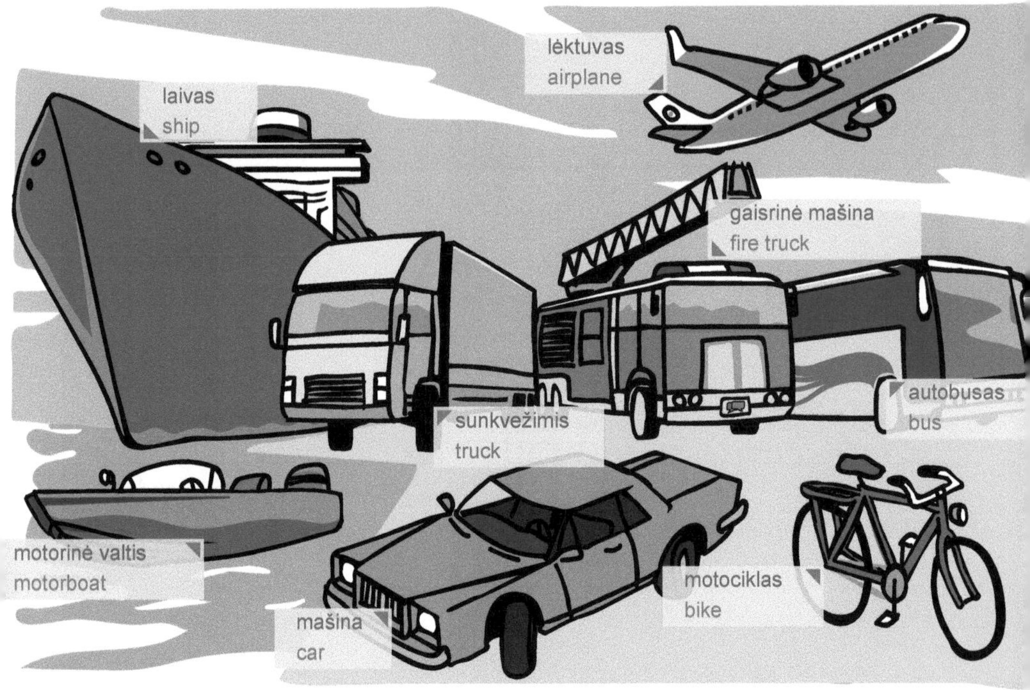

lėktuvas
airplane
laivas
ship
gaisrinė mašina
fire truck
autobusas
bus
sunkvežimis
truck
motorinė valtis
motorboat
motociklas
bike
mašina
car

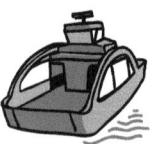

keltas

ferry

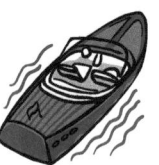

valtis

boat

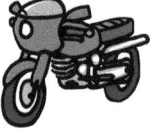

mopedas

motorbike

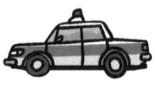

policijos automobilis

police car

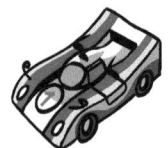

lenktyninis automobilis

racing car

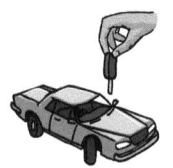

nuomojamas automobilis

rental car

bendras automobilio
naudojimas
car sharing

techninės pagalbos
automobilis
tow truck

šiukšliavežė
garbage truck

variklis
engine

degalai
fuel

degalinė
fuel station

kelio ženklas
traffic sign

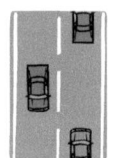

eismas
traffic

eismo spūstis
traffic jam

mašinų stovėjimo aikštelė
parking lot

traukinių stotis
train station

bėgiai
tracks

traukinys
train

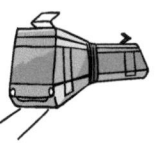

tramvajus
tram

vagonas
wagon

sraigtasparnis

helicopter

oro uostas

airport

bokštas

tower

keleivis

passenger

konteineris

container

dėžė

carton

vežimėlis

cart

krepšys

basket

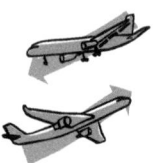

pakilti / nusileisti

take off / land

miestas
city

kaimas

village

miesto centras

city center

namas

house

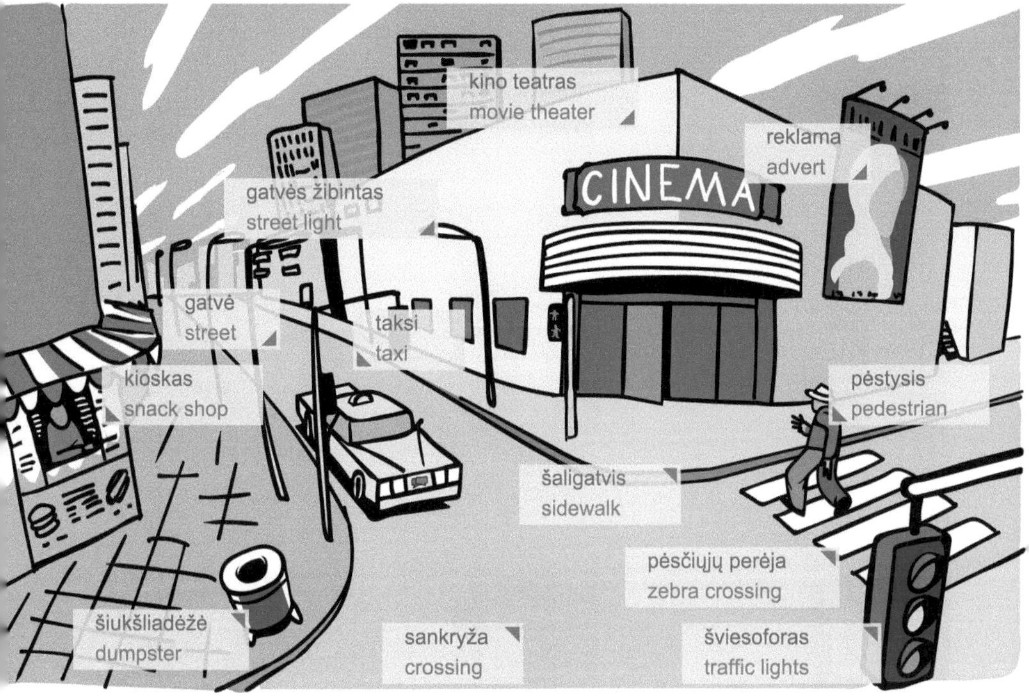

kino teatras
movie theater

reklama
advert

gatvės žibintas
street light

gatvė
street

taksi
taxi

kioskas
snack shop

pėstysis
pedestrian

šaligatvis
sidewalk

pėsčiųjų perėja
zebra crossing

šiukšliadėžė
dumpster

sankryža
crossing

šviesoforas
traffic lights

CINEMA

trobelė
....
hut

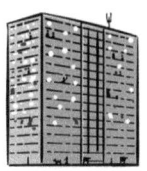

butas
....
apartment

traukinių stotis
....
train station

rotušė
....
city hall

muziejus
....
museum

mokykla
....
school

universitetas

university

bankas

bank

ligoninė

hospital

viešbutis

hotel

vaistinė

pharmacy

biuras

office

knygynas

book shop

parduotuvė

shop

gėlių parduotuvė

flower shop

prekybos centras

supermarket

turgus

market

universalinė parduotuvė

department store

žuvies parduotuvė

fishmonger's shop

prekybos centras

mall

uostas

harbor

parkas

park

suoliukas

bench

tiltas

bridge

laiptai

stairs

metro

subway

tunelis

tunnel

autobusų stotelė

bus stop

baras

bar

restoranas

restaurant

lauko pašto dėžutė

postbox

kelio ženklas

street sign

parkomatas

parking meter

zoologijos sodas

zoo

baseinas

swimming pool

mečetė

mosque

ūkininko ūkis

farm

tarša

pollution

kapinės

cemetery

bažnyčia

church

žaidimų aikštelė

playground

šventykla

temple

kraštovaizdis
landscape

lapas
leaf

kelio rodyklė
signpost

kelias
path

pieva
meadow

akmuo
stone

ėjikas
hiker

medis
tree

upė
river

žolė
grass

gėlė
flower

slėnis

valley

kalva

hill

ežeras

lake

miškas

forest

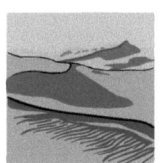

dykuma

desert

ugnikalnis

volcano

pilis

castle

vaivorykštė

rainbow

grybas

mushroom

palmė

palm tree

uodas

mosquito

musė

fly

skruzdėlė

ant

bitė

bee

voras

spider

vabalas

beetle

varlė

frog

voverė

squirrel

ežys

hedgehog

kiškis

hare

pelėda

owl

paukštis

bird

gulbė

swan

šernas

boar

elnias

deer

briedis

moose

užtvanka

dam

vėjo jėgainė

wind turbine

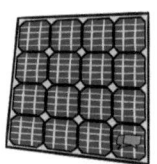

saulės baterija

solar panel

klimatas

climate

padavėjas
waiter

meniu
menu

kėdė
chair

sriuba
soup

pica
pizza

stalo įrankiai
cutlery

staltiesė
tablecloth

užkandis
starter

pagrindinis patiekalas
main course

desertas
dessert

gėrimai
drinks

maistas
food

butelis
bottle

greitai pateikiamas maistas

fast food

gatvės maistas

street food

arbatinukas

teapot

cukrinė

sugar bowl

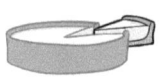

porcija

portion

espreso aparatas

espresso machine

aukšta kėdė

high chair

sąskaita

bill

padėklas

tray

peilis

knife

šakutė

fork

šaukštas

spoon

arbatinis šaukštelis

teaspoon

servetėlė

serviette

stiklinė

glass

restoranas - restaurant

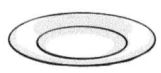

lėkštė
plate

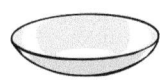

sriubos lėkštė
soup plate

padėklas
saucer

padažas
sauce

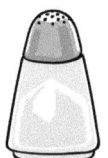

druskinė
salt shaker

pipirų malūnėlis
pepper mill

actas
vinegar

aliejus
oil

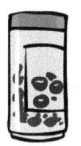 

prieskoniai
spices

kečupas
ketchup

garstyčios
mustard

majonezas
mayonnaise

prekybos centras
supermarket

specialus pasiūlymas
special offer
FOR
pirkėjas
customer
pieno produktai
dairy products
vaisiai
fruit
troleibusas
shopping cart

BUTCHERS

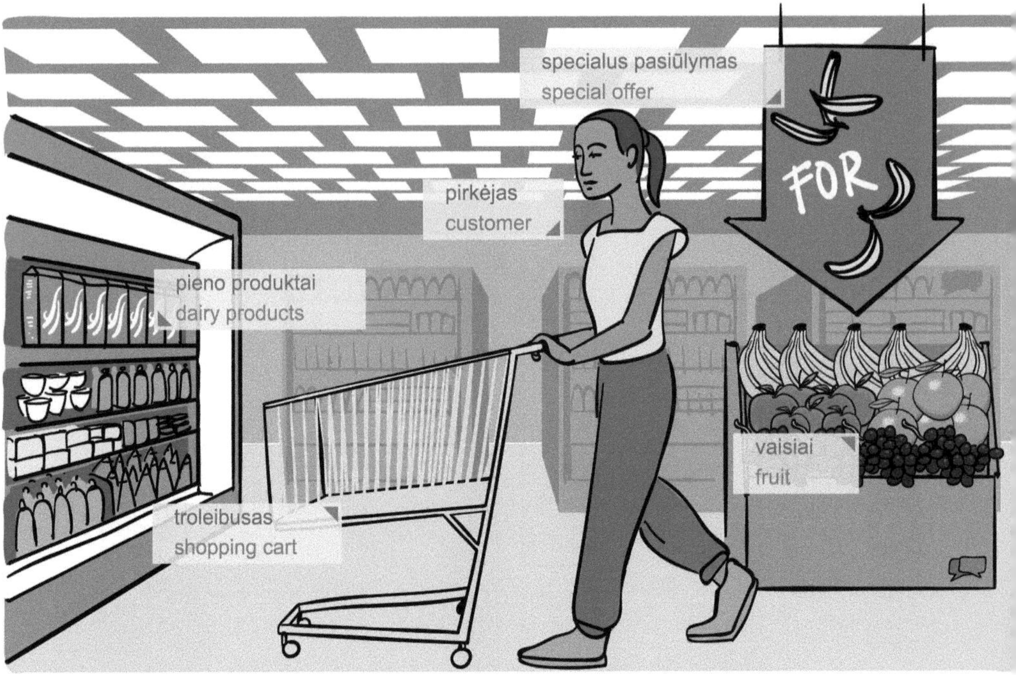

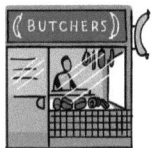

mėsos parduotuvė

butcher's shop

BAKERY

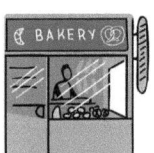

kepykla

bakery

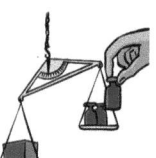

sverti

weigh

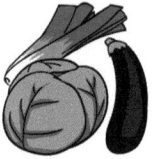

daržovės

vegetables

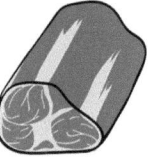

mėsa

meat

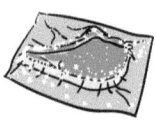

šaldytas maistas

frozen food

šalti mėsos užkandžiai

cold cuts

konservai

canned food

skalbimo milteliai

detergent

saldumynai

candy

ūkinės prekės

household products

valymo priemonės

cleaning products

pardavėja

sales representative

kasos aparatas

cash register

kasininkas

cashier

pirkinių sąrašas

shopping list

darbo valandos

opening hours

piniginė

wallet

kreditinė kortelė

credit card

maišelis

bag

plastikinis maišelis

plastic bag

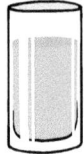

vanduo

water

sultys

juice

pienas

milk

kola

coke

vynas

wine

alus

beer

alkoholis

alcohol

kakava

cocoa

arbata

tea

kava

coffee

espresas

espresso

kapučinas

cappuccino

bananas
....
banana

obuolys
....
apple

apelsinas
....
orange

arbūzas
....
melon

citrina
....
lemon

morka
....
carrot

česnakas
....
garlic

bambukas
....
bamboo

svogūnas
....
onion

grybas
....
mushroom

riešutai
....
nuts

makaronai
....
noodles

spagečiai	ryžiai	salotos
spaghetti	rice	salad

traškučiai	keptos bulvės	pica
fries	fried potatoes	pizza

mėsainis	sumuštinis	pjausnys
hamburger	sandwich	escalope

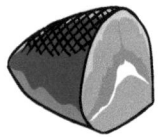  

kumpis	saliamis	dešrelė
ham	salami	sausage

vištiena	kepsnys	žuvis
chicken	roast	fish

avižų dribsniai

porridge oats

dribsniai su priedais

muesli

kukurūzų dribsniai

cornflakes

miltai

flour

prancūziškasis ragelis

croissant

bandelė

bread roll

duona

bread

skrebutis

toast

sausainiai

cookies

sviestas

butter

varškė

curd

tortas

cake

kiaušinis

egg

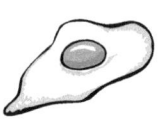

kiaušinienė

fried egg

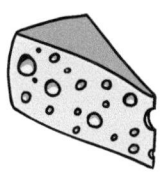

sūris

cheese

ledai

ice cream

cukrus

sugar

medus

honey

uogienė

jelly

tepamas šokoladas

nougat cream

karis

curry

maistas - food

ūkininko ūkis

farm

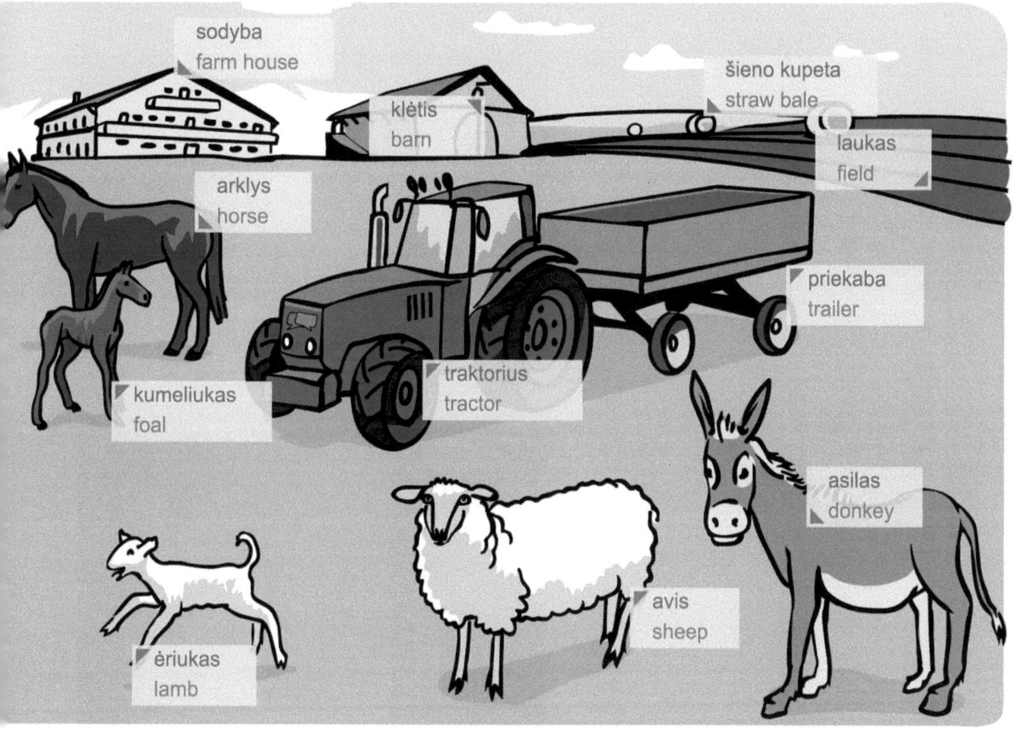

sodyba
farm house
klėtis
barn
šieno kupeta
straw bale
laukas
field
arklys
horse
priekaba
trailer
traktorius
tractor
kumeliukas
foal
asilas
donkey
avis
sheep
ėriukas
lamb

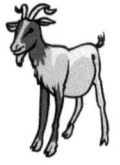

ožys

goat

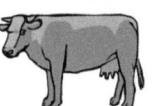

karvė

cow

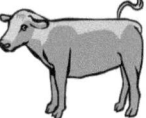

veršis

calf

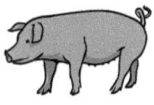

kiaulė

pig

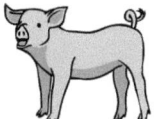

paršelis

piglet

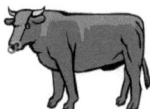

bulius

bull

žąsis

goose

antis

duck

viščiukas

chick

višta

hen

gaidys

cockerel

žiurkė

rat

katė

cat

pelė

mouse

jautis

ox

šuo

dog

šuns būda

dog house

sodo namas

garden hose

laistytuvas

watering can

dalgis

scythe

plūgas

plow

pjautuvas
sickle

kauptukas
hoe

šakės
pitchfork

kirvis
axe

statinė
pushcart

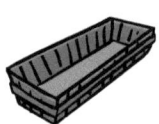

lovys
trough

bidonas
milk can

maišas
sack

tvora
fence

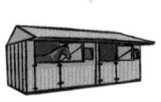

arklidė
stable

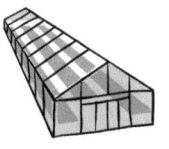

šiltnamis
greenhouse

dirva
soil

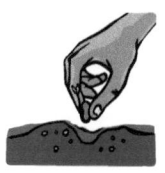

sėkla
seed

trąšos
fertilizer

kombainas
combine harvester

rinkti

harvest

derlius

harvest

saldžiosios bulvės

yams

kviečiai

wheat

soja

soya

bulvė

potato

kukurūzai

corn

rapsai

rapeseed

vaismedis

fruit tree

manijokas

manioc

grūdai

grain

namas
house

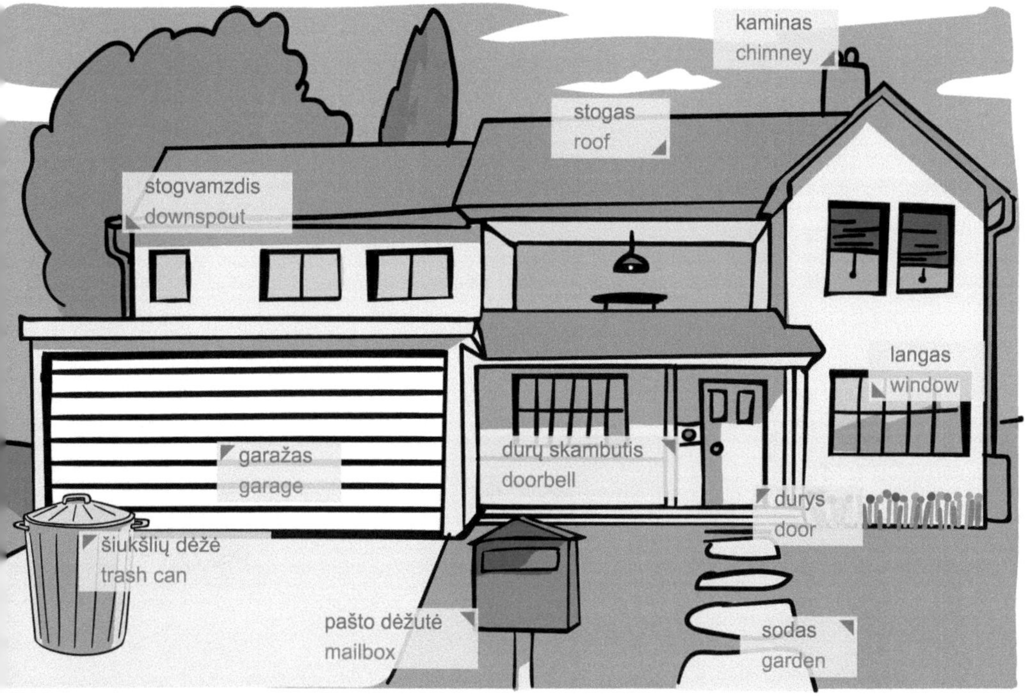
kaminas
chimney
stogas
roof
stogvamzdis
downspout
langas
window
garažas
garage
durų skambutis
doorbell
durys
door
šiukšlių dėžė
trash can
pašto dėžutė
mailbox
sodas
garden

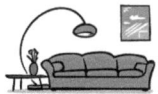

svetainė

living room

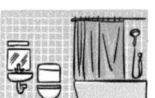

vonios kambarys

bathroom

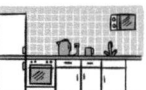

virtuvė

kitchen

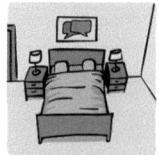

miegamasis

bedroom

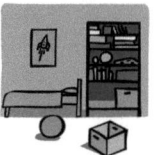

vaiko kambarys

kids room

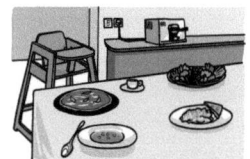

valgomasis

dining room

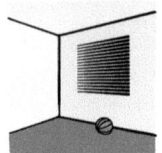

grindys

floor

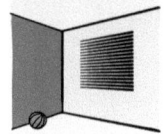

siena

wall

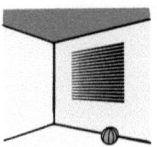

lubos

ceiling

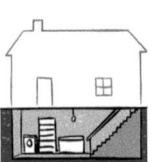

rūsys

cellar

sauna

sauna

balkonas

balcony

terasa

terrace

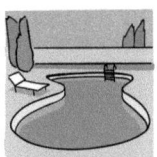

baseinas

pool

žoliapjovė

lawn mower

paklodė

sheet

lovatiesė

bedspread

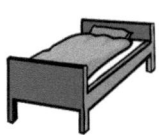

lova

bed

šluota

broom

kibiras

bucket

jungiklis

switch

svetainė
living room

tapetai
wallpaper
nuotrauka
picture
šviestuvas
lamp
lentyna
shelf
spintelė
cabinet
televizorius
television
židinys
fireplace
gėlė
flower
pagalvėlė
cushion
sofa
sofa
vaza
vase
nuotolinio valdymo pultelis
remote control

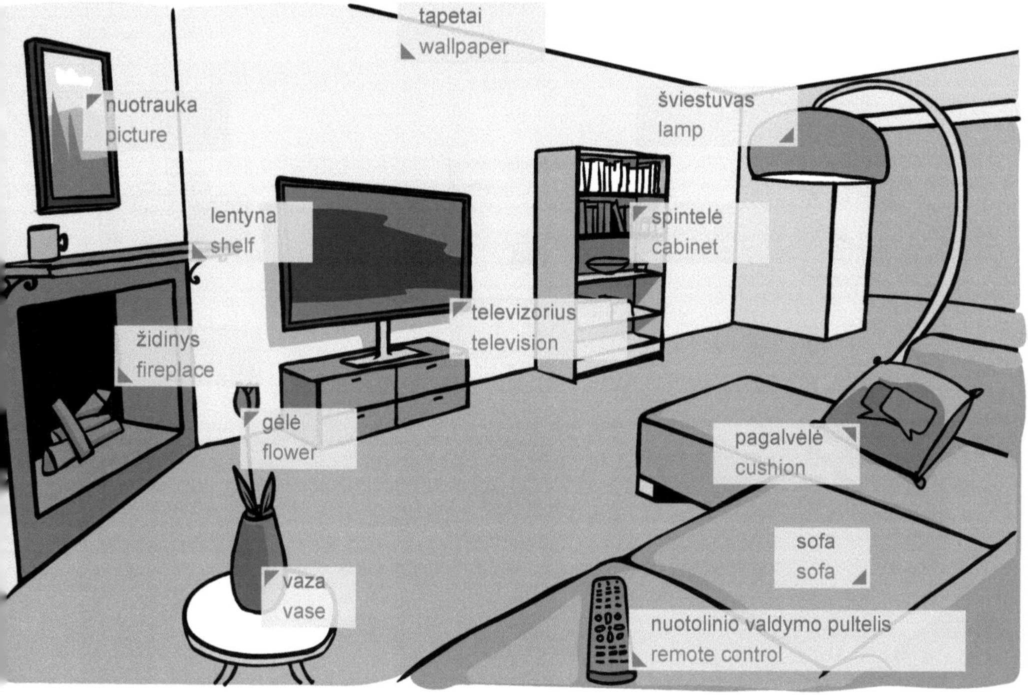

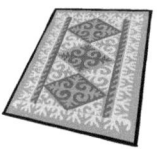

kilimas

carpet

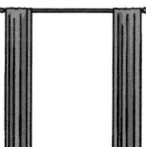

užuolaida

drape

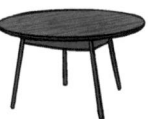

stalas

table

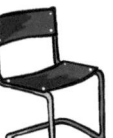

kėdė

chair

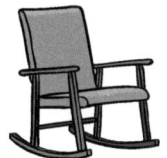

supamasis krėslas

rocking chair

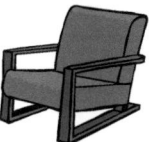

fotelis

armchair

knyga
book

antklodė
blanket

papuošimai
decoration

malkos
firewood

filmas
film

stereo aparatūra
stereo system

raktas
key

laikraštis
newspaper

paveikslas
painting

plakatas
poster

radijas
radio

užrašų knygelė
notebook

dulkių siurblys
vacuum cleaner

kaktusas
cactus

žvakė
candle

virtuvė
kitchen

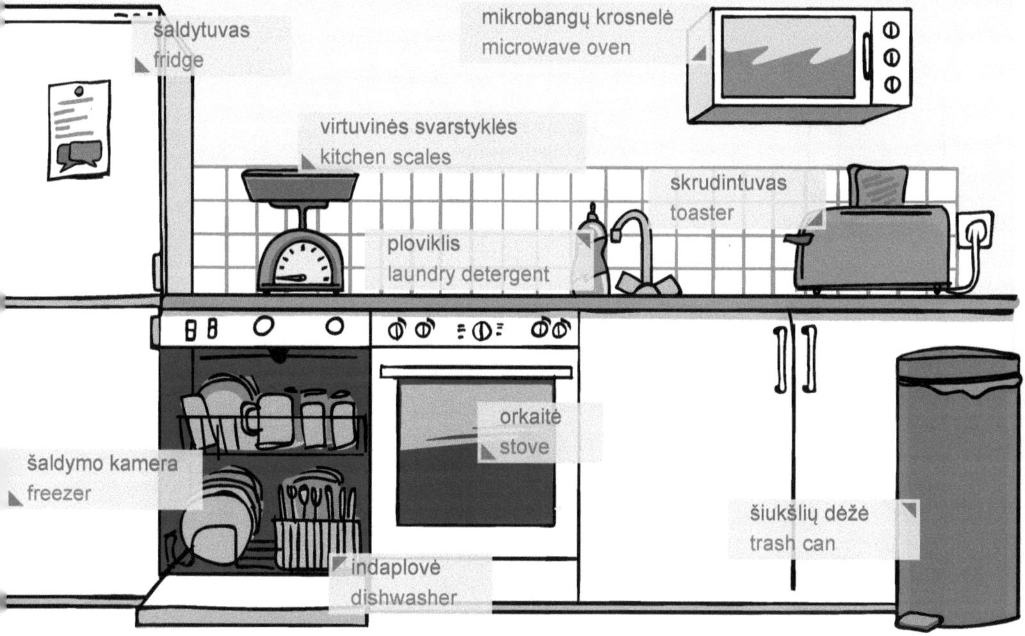
šaldytuvas
fridge
mikrobangų krosnelė
microwave oven
virtuvinės svarstyklės
kitchen scales
skrudintuvas
toaster
ploviklis
laundry detergent
orkaitė
stove
šaldymo kamera
freezer
šiukšlių dėžė
trash can
indaplovė
dishwasher

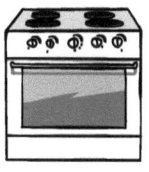

viryklė

cooker

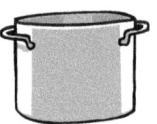

puodas

pot

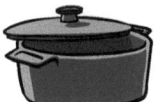

ketaus puodas

cast-iron pot

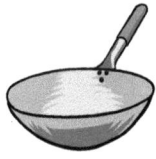

„wok“ keptuvė

wok / kadai

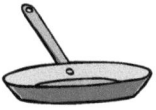

keptuvė

pan

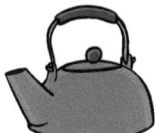

virdulys

kettle

garų puodas

steamer

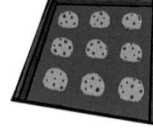

kepimo skarda

baking tray

porceliano indai

crockery

puodelis

mug

dubuo

bowl

valgomosios lazdelės

chopsticks

samtis

ladle

mentelė

spatula

plaktuvas

whisk

koštuvas

strainer

sietas

sieve

trintuvė

grater

grūstuvė

mortar

kepsninė

barbecue

atvira liepsna

fireplace

pjaustymo lentelė

chopping board

kočėlas

rolling pin

kamščiatraukis

corkscrew

skardinė

can

skardinių atidarytuvas

can opener

puodkėlė

oven cloth

kriauklė

sink

šepetys

brush

kempinė

sponge

trintuvas

blender

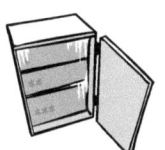

šaldiklis

deep freezer

kūdikių buteliukas

baby bottle

čiaupas

tap

vonios kambarys

bathroom

šildymas
heating
rankšluostis
towel
dušas
shower
dušo užuolaidos
shower curtain
vonios putos
bubble bath
vonia
bathtub
stiklinė
glass
skalbimo mašina
washing machine
čiaupas
tap
plytelės
tiles
naktinis puodukas
potty
kriauklė
sink

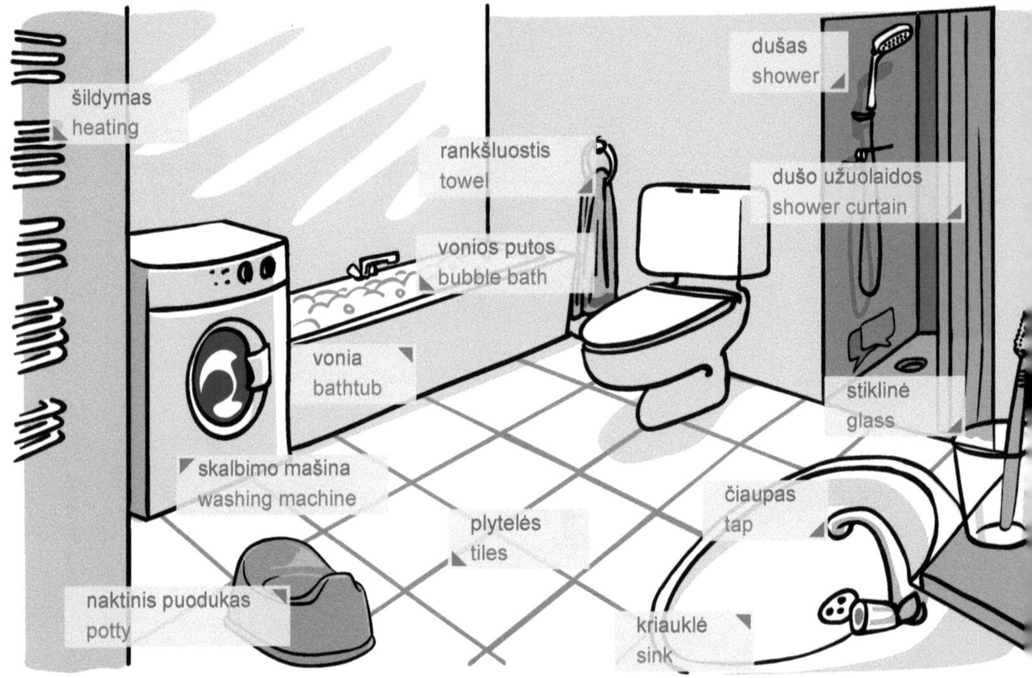

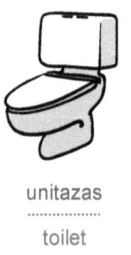

unitazas

toilet

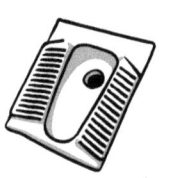

tupimasis unitazas

squat toilet

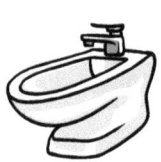

bidė

bidet

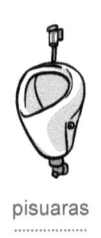

pisuaras

urinal

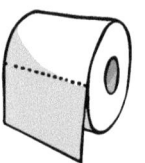

tualetinis popierius

toilet paper

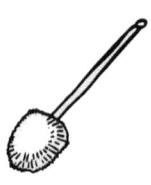

unitazo šepetys

toilet brush

dantų šepetėlis

toothbrush

dantų pasta

toothpaste

dantų siūlas

dental floss

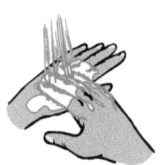

plauti

wash

dušo galvutė

hand shower

higieninis dušas

douche

praustuvas

basin

nugaros plaušinė

back brush

muilas

soap

dušo želė

shower gel

šampūnas

shampoo

plaušinė

flannel

kanalizacija

drain

kremas

creme

dezodorantas

deodorant

veidrodis

mirror

veidrodėlis

hand mirror

skustuvas

razor

skutimosi putos

shaving foam

losjonas po skutimosi

aftershave

šukos

comb

šepetys

brush

plaukų džiovintuvas

hair-dryer

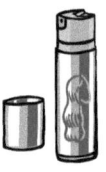

plaukų lakas

hairspray

makiažas

makeup

lūpdažis

lipstick

nagų lakas

nail varnish

vata

cotton wool

žirklutės nagams

nail scissors

kvepalai

perfume

maišelis skalbiniams

washbag

taburetė

stool

svarstyklės

weighing scales

chalatas

bathrobe

guminės pirštinės

rubber gloves

tamponas

tampon

higieninis įklotas

sanitary towel

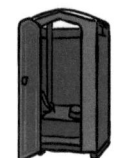

biotualetas

chemical toilet

vaiko kambarys

kids room

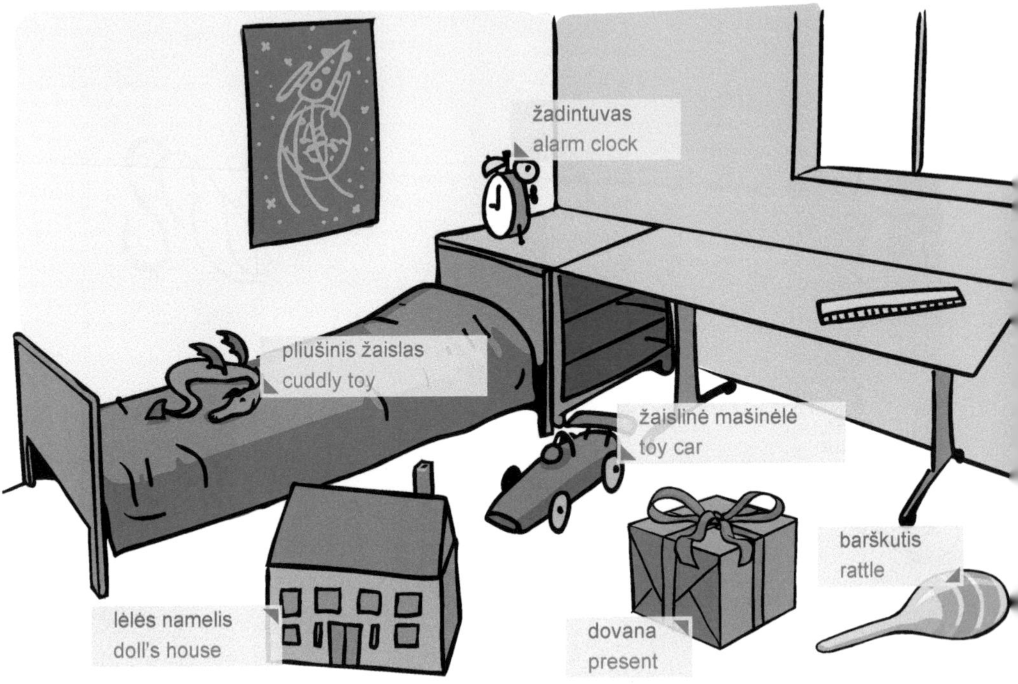
žadintuvas
alarm clock
pliušinis žaislas
cuddly toy
žaislinė mašinėlė
toy car
barškutis
rattle
lėlės namelis
doll's house
dovana
present

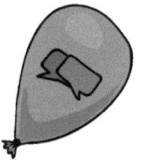

balionas

balloon

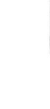

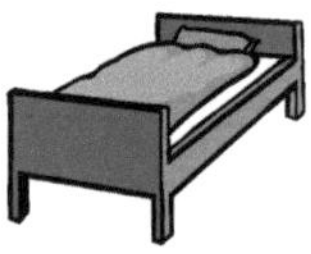

lova

bed

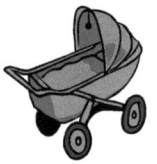

vaikiškas vežimėlis

stroller

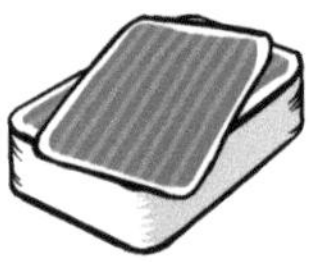

kortų malka

deck of cards

delionė

jigsaw

SUPER
MEGA

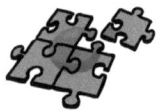

komiksai

comic

lego kaladėlės

lego bricks

žaislinės kaladėlės

toy blocks

figūrėlė

action figure

šliaužtinukai

romper suit

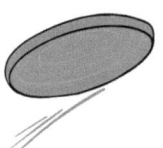

mėtymo lėkštė

frisbee

karuselė

mobile

stalo žaidimas

board game

kauliukai

dice

žaislinis traukinys

model train set

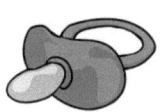

žindukas

pacifier

vakarėlis

party

paveiksliukų knygelė

picture book

kamuolys

ball

lėlė

doll

žaisti

play

smėlio dėžė

sandpit

sūpynės

swing

žaislai

toys

žaidimų konsolė

video game console

triratukas

tricycle

meškiukas

teddy bear

drabužių spinta

wardrobe

drabužis

clothing

kojinės

socks

kojinės virš kelių

stockings

pėdkelnės

tights

šalikas
scarf

skėtis
umbrella

diržas
belt

marškinėliai
t-shirt

šlepetės
slippers

ilgaauliai batai
boots

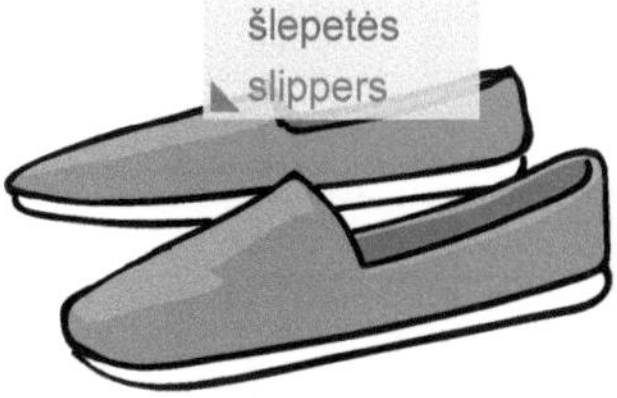

sportbačiai
sneakers

sandalai
....
sandals

batai
....
shoes

guminiai batai
....
rubber boots

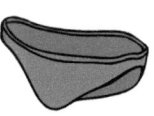

trumpikės
....
underwear

liemenėlė
....
bra

liemenė
....
undershirt

drabužis - clothing

glaustinukė
....
body

kelnės
....
pants

džinsai
....
jeans

sijonas
....
skirt

palaidinė
....
blouse

marškiniai
....
shirt

megztinis
....
pullover

megztinis su gobtuvu
....
sweater

švarkelis
....
blazer

švarkas
....
jacket

paltas
....
coat

lietpaltis
....
raincoat

kostiumas
....
costume

suknelė
....
dress

vestuvinė suknelė
....
wedding dress

kostiumas

suit

naktiniai marškiniai

nightgown

pižama

pajamas

saris

sari

skarelė

headscarf

tiurbanas

turban

burka

burka

kaftanas

kaftan

abaja

abaya

maudymosi kostiumėlis

swimsuit

glaudės

trunks

šortai

shorts

sportinis kostiumas

tracksuit

prijuostė

apron

pirštinės

gloves

drabužis - clothing

saga

button

akiniai

glasses

apyrankė

bracelet

vėrinys

necklace

žiedas

ring

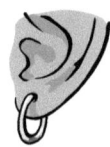

auskaras

earring

kepurė

cap

pakabas

coat hanger

skrybėlė

hat

kaklaraištis

tie

užtrauktukas

zip

šalmas

helmet

breketai

braces

mokyklinė uniforma

school uniform

uniforma

uniform

drabužis - clothing

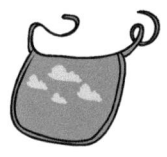

seilinukas

bib

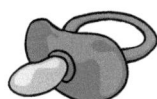

žindukas

pacifier

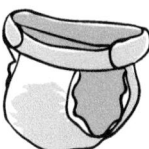

vystyklai

diaper

biuras
office

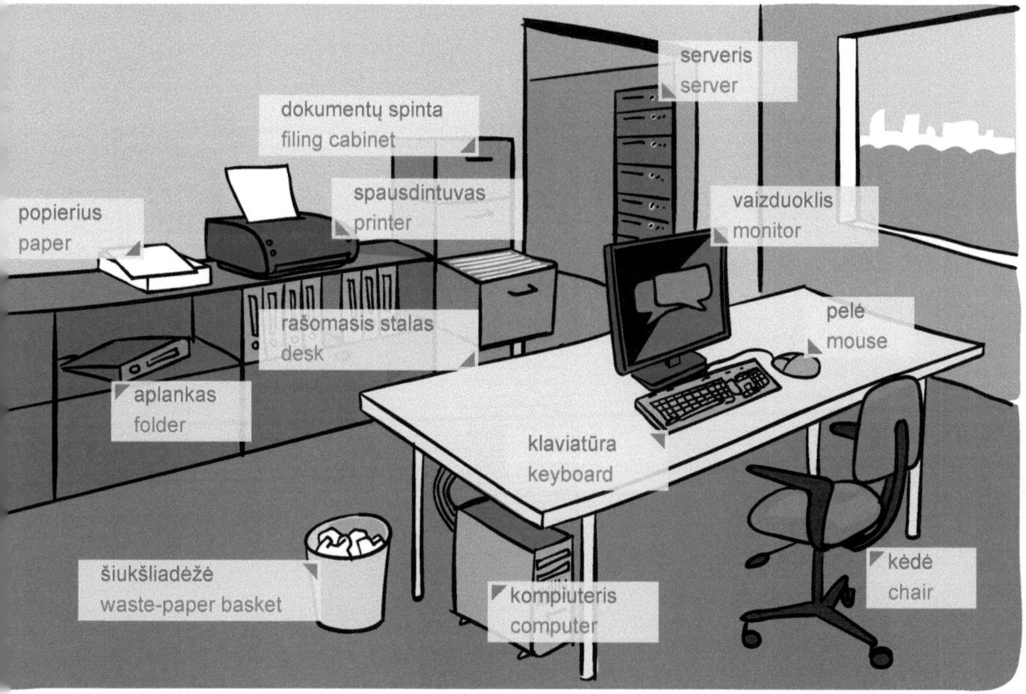

serveris
server
dokumentų spinta
filing cabinet
spausdintuvas
printer
popierius
paper
vaizduoklis
monitor
rašomasis stalas
desk
pelė
mouse
aplankas
folder
klaviatūra
keyboard
šiukšliadėžė
waste-paper basket
kompiuteris
computer
kėdė
chair

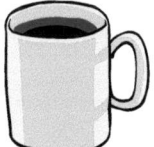

kavos puodelis

coffee mug

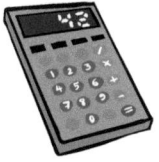

kalkuliatorius

calculator

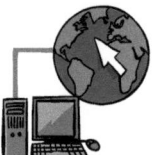

internetas

internet

nešiojamasis kompiuteris

laptop

laiškas

letter

žinutė

message

mobilusis telefonas

cell phone

tinklas

network

fotokopijavimo aparatas

photocopier

programinė įranga

software

telefonas

telephone

kištukinis lizdas

plug socket

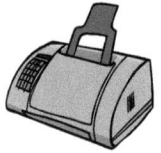

faksas

fax machine

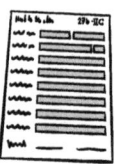

forma

form

dokumentas

document

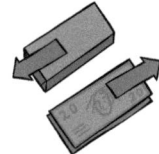

pirkti

buy

mokėti

pay

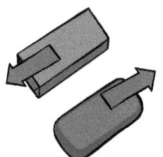

prekiauti

trade

pinigai

money

doleris

dollar

euras

euro

jena

yen

rublis

rouble

Šveicarijos frankas

Swiss franc

juanis

renminbi yuan

rupija

rupee

bankomatas

cash point

valiutos keitykla

currency exchange office

auksas

gold

sidabras

silver

nafta

oil

energija

energy

kaina

price

sutartis

contract

mokestis

tax

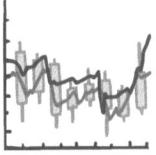

akcijos

stock

dirbti

work

darbuotojas

employee

darbdavys

employer

gamykla

factory

parduotuvė

shop

ekonomika - economy

policininkas
police officer

ugniagesys
fireman

virėjas
cook

gydytojas
doctor

lakūnas
pilot

sodininkas
....
gardener

stalius
....
carpenter

siuvėja
....
seamstress

teisėjas
....
judge

chemikas
....
chemist

aktorius
....
actor

autobuso vairuotojas

bus driver

taksi vairuotojas

taxi driver

žvejys

fisherman

valytoja

cleaning lady

stogdengys

roofer

padavėjas

waiter

medžiotojas

hunter

dailininkas

painter

kepėjas

baker

elektrikas

electrician

statybininkas

builder

inžinierius

engineer

mėsininkas

butcher

santechnikas

plumber

paštininkas

postman

kareivis

soldier

architektas

architect

kasininkas

cashier

gėlininkas

florist

kirpėjas

hairdresser

konduktorius

conductor

mechanikas

mechanic

kapitonas

captain

odontologas

dentist

mokslininkas

scientist

rabinas

rabbi

imamas

imam

vienuolis

monk

kunigas

pastor

profesijos - occupations

įrankiai
tools

plaktukas
hammer
replės
pliers
atsuktuvas
screwdriver
raktas
wrench
suvirinimo apar
torch

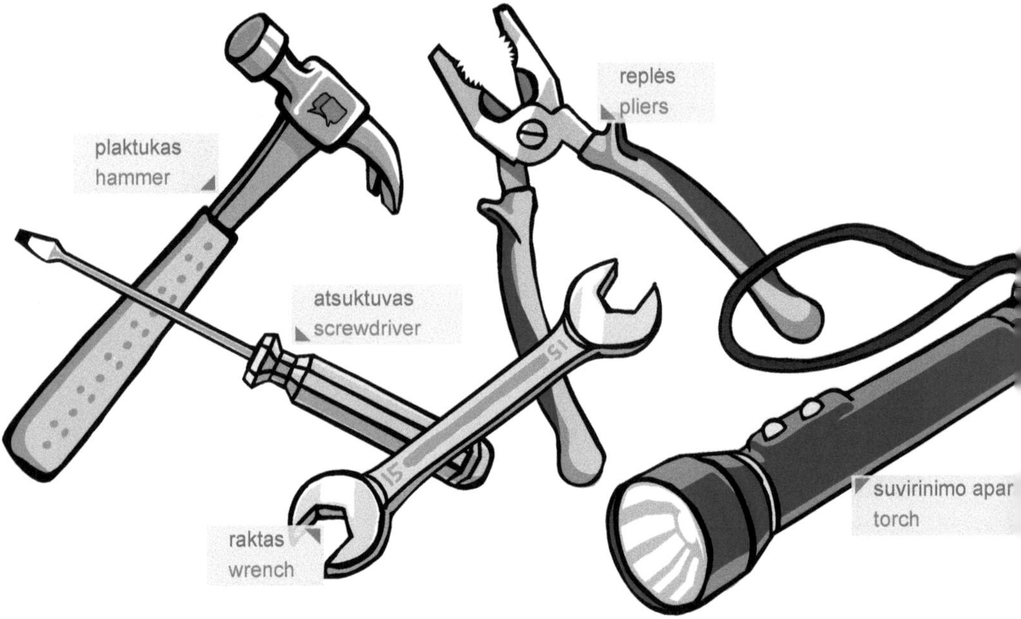

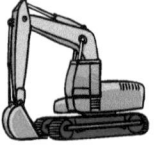

ekskavatorius
excavator

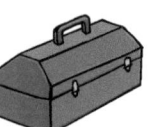

įrankių dėžė
toolbox

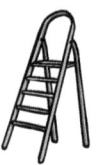

kopėčios
ladder

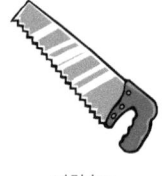

pjūklas
saw

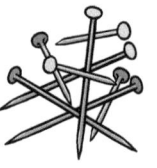

vinys
nails

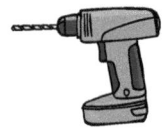

grąžtas
drill

taisyti
repair

kastuvas
shovel

Velniava!
Damn!

semtuvėlis
dustpan

dažų skardinė
paint can

varžtai
screws

muzikos instrumentai
musical instruments

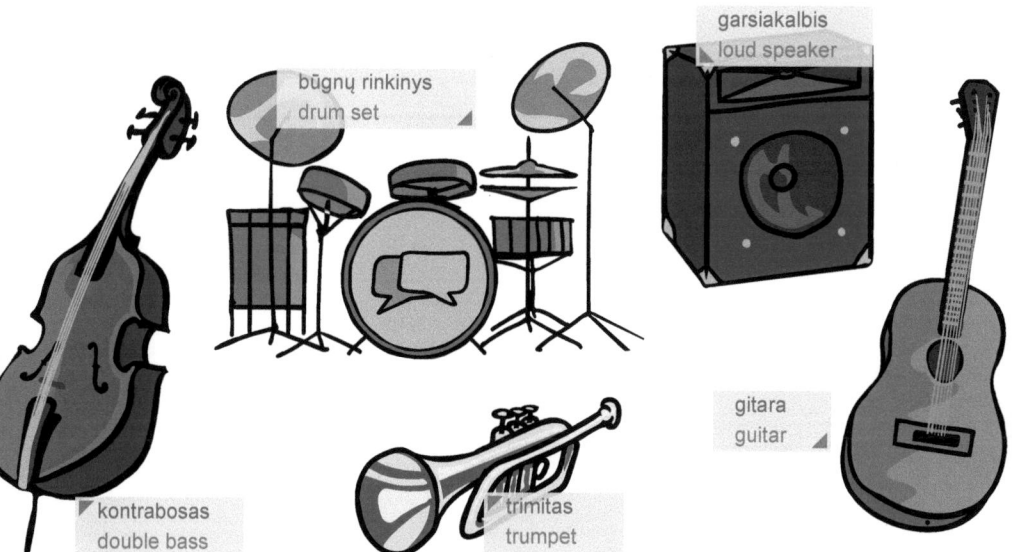

garsiakalbis
loud speaker

būgnų rinkinys
drum set

gitara
guitar

kontrabosas
double bass

trimitas
trumpet

pianinas

piano

smuikas

violin

bosinė gitara

bass

timpanas

timpani

būgnai

drums

sintezatorius

keyboard

saksofonas

saxophone

fleita

flute

mikrofonas

microphone

muzikos instrumentai - musical instruments

zoologijos sodas

zoo

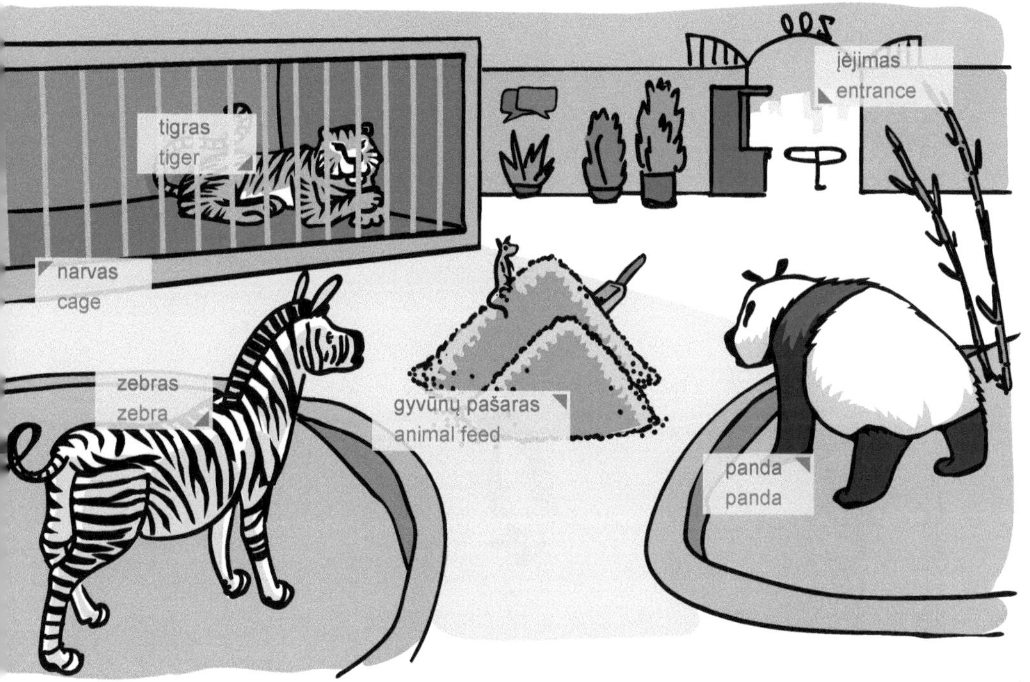
tigras
tiger
įėjimas
entrance
narvas
cage
zebras
zebra
gyvūnų pašaras
animal feed
panda
panda

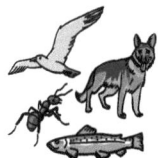

gyvūnai

animals

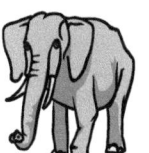

dramblys

elephant

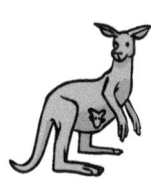

kengūra

kangaroo

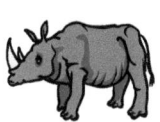

raganosis

rhino

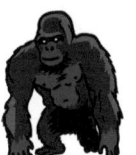

gorila

gorilla

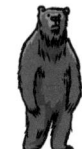

meška

bear

kupranugaris

camel

strutis

ostrich

liūtas

lion

beždžionė

monkey

flamingas

flamingo

papūga

parrot

baltoji meška

polar bear

pingvinas

penguin

ryklys

shark

povas

peacock

gyvatė

snake

krokodilas

crocodile

zoologijos sodo prižiūrėtojas

zookeeper

ruonis

seal

jaguaras

jaguar

ponis

pony

leopardas

leopard

begemotas

hippo

žirafa

giraffe

erelis

eagle

šernas

boar

žuvis

fish

vėžlys

turtle

vėplys

walrus

lapė

fox

gazelė

gazelle

amerikietiškas futbolas
American football

dviračių sportas
cycling

tenisas
tennis

krepšinis
basketball

plaukimas
swimming

boksas
boxing

ledo ritulys
ice hockey

futbolas
soccer

badmintonas
badminton

atletika
athletics

rankinis
handball

slidinėjimas
skiing

polas
polo

juoktis
laugh

šokinėti
jump

apkabinti
hug

vaikščioti
walk

dainuoti
sing

svajoti
dream

melstis
pray

bučiuoti
kiss

rašyti	piešti	rodyti
write	draw	show

stumti	duoti	imti
push	give	take

turėti

have

daryti

do

būti

be

stovėti

stand

bėgti

run

traukti

pull

mesti

throw

kristi

fall

meluoti

lie

laukti

wait

nešti

carry

sėdėti

sit

rengtis

get dressed

miegoti

sleep

pabusti

wake up

žiūrėti

look at

verkti

cry

glostyti

stroke

šukuoti

comb

kalbėti

talk

suprasti

understand

paklausti

ask

klausytis

listen

gerti

drink

valgyti

eat

tvarkytis

tidy up

mylėti

love

gaminti

cook

vairuoti

drive

skristi

fly

buriuoti

sail

skaičiuoti

calculate

skaityti

read

mokytis

learn

dirbti

work

vesti

marry

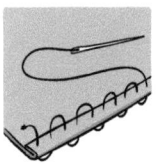

siūti

sew

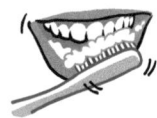

valytis dantis

brush teeth

žudyti

kill

rūkyti

smoke

siųsti

send

šeima

family

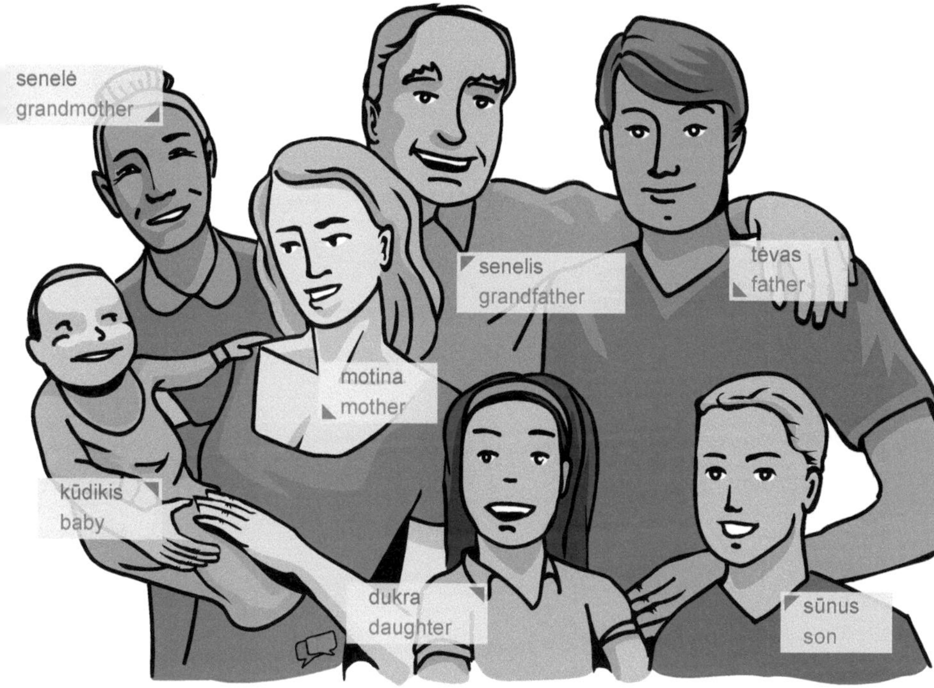
senelė
grandmother
senelis
grandfather
tėvas
father
motina
mother
kūdikis
baby
dukra
daughter
sūnus
son

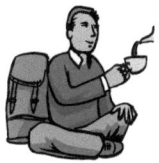

svečias

guest

teta

aunt

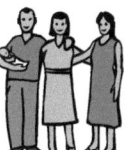

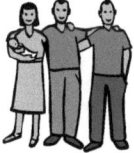

dėdė

uncle

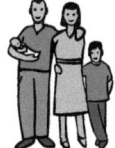

brolis

brother

sesuo

sister

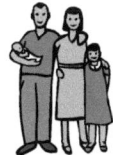

kūnas

body

kakta
forehead
akis
eye
petys
shoulder
pirštas
finger
veidas
face
smakras
chin
plaštaka
hand
koja
leg
krūtinė
breast
ranka
arm

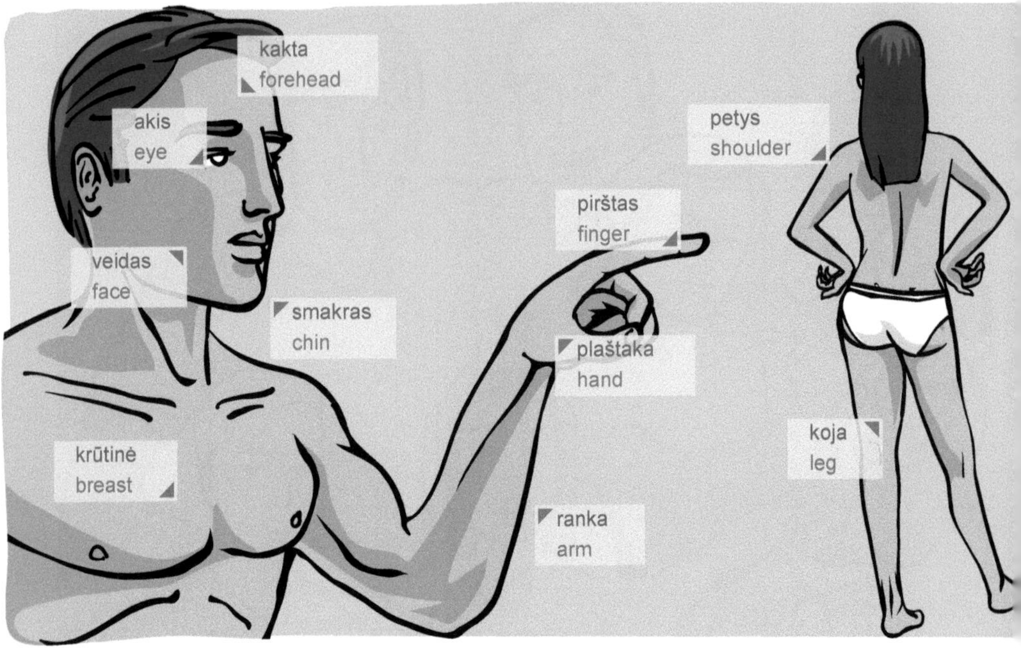

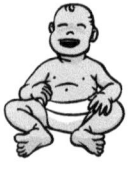

kūdikis

baby

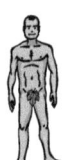

vyras

man

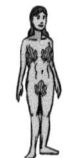

moteris

woman

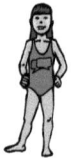

mergaitė

girl

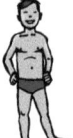

berniukas

boy

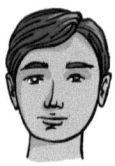

galva

head

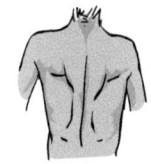

nugara

back

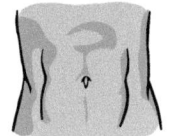

pilvas

belly

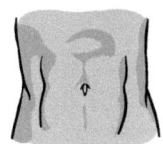

bamba

navel

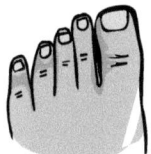

kojos pirštas

toe

kulnas

heel

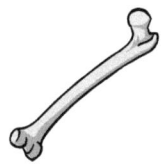

kaulas

bone

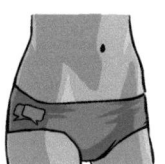

klubas

hip

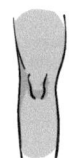

kelis

knee

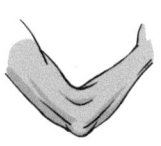

alkūnė

elbow

nosis

nose

sėdmenys

buttocks

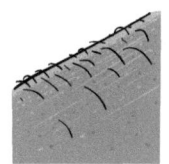

oda

skin

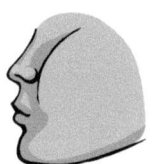

skruostas

cheek

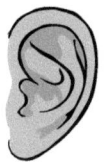

ausis

ear

lūpa

lip

kūnas - body

burna

mouth

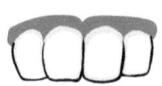

dantis

tooth

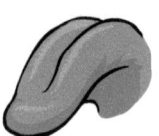

liežuvis

tongue

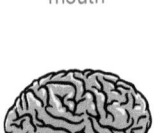

smegenys

brain

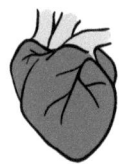

širdis

heart

raumuo

muscle

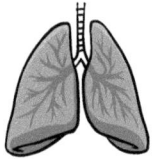

plaučiai

lung

kepenys

liver

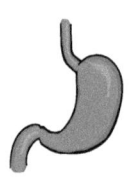

skrandis

stomach

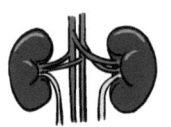

inkstai

kidneys

seksas

sex

prezervatyvas

condom

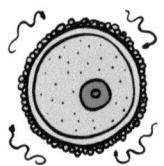

kiaušialąstė

ovum

sperma

semen

nėštumas

pregnancy

kūnas - body

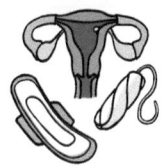

menstruacijos

menstruation

makštis

vagina

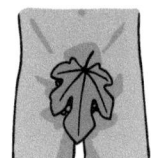

varpa

penis

antakis

eyebrow

plaukai

hair

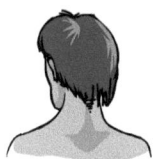

kaklas

neck

ligoninė
hospital

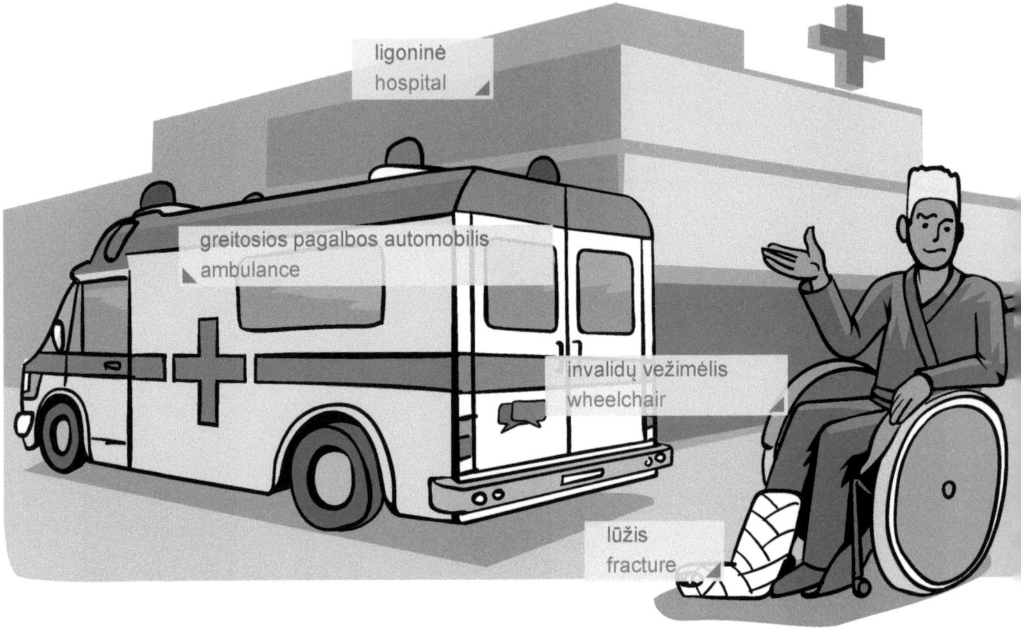

ligoninė
hospital
greitosios pagalbos automobilis
ambulance
invalidų vežimėlis
wheelchair
lūžis
fracture

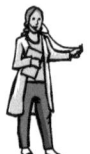

gydytojas

doctor

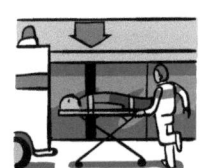

skubios pagalbos skyrius

emergency room

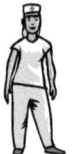

slaugytoja

nurse

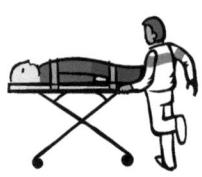

nelaimingas atsitikimas

emergency

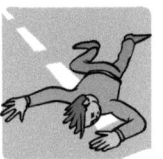

be sąmonės

unconscious

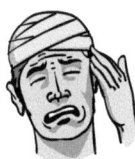

skausmas

pain

sužalojimas

injury

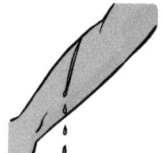

kraujavimas

bleeding

širdies smūgis

heart attack

insultas

stroke

alergija

allergy

kosulys

cough

karščiavimas

fever

gripas

flu

viduriavimas

diarrhea

galvos skausmas

headache

vėžys

cancer

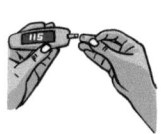

diabetas

diabetes

chirurgas

surgeon

skalpelis

scalpel

operacija

operation

KT

CT

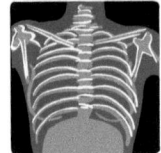

rentgenas

x-ray

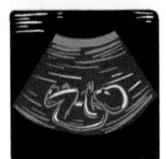

ultragarsas

ultrasound

veido kaukė

face mask

liga

disease

laukiamasis

waiting room

ramentas

crutch

gipsas

plaster

tvarstis

bandage

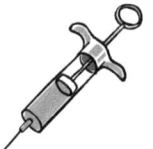

injekcija

injection

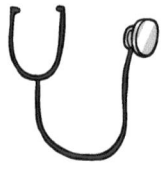

stetoskopas

stethoscope

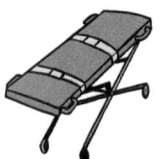

neštuvai

stretcher

termometras

clinical thermometer

gimimas

birth

antsvoris

overweight

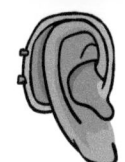

klausos aparatas

hearing aid

dezinfekavimo priemonė

disinfectant

infekcija

infection

virusas

virus

ŽIV / AIDS

HIV / AIDS

vaistas

medicine

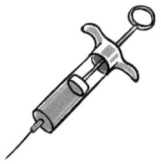

skiepijimas

vaccination

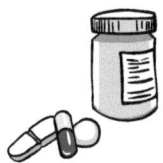

tabletės

tablets

piliulė

pill

skubios pagalbos numeris

emergency call

kraujospūdžio matuoklis

blood pressure monitor

ligotas / sveikas

ill / healthy

ligoninė - hospital

Padėkite!

Help!

užpuolimas

assault

pavojaus signalas

alarm

ataka

attack

pavojus

danger

avarinis išėjimas

emergency exit

Gaisras!

Fire!

gesintuvas

fire extinguisher

nelaimingas atsitikimas

accident

pirmosios pagalbos rinkinys

first-aid kit

SOS

SOS

policija

police

Europa

Europe

Šiaurės Amerika

North America

Pietų Amerika

South America

Afrika

Africa

Azija

Asia

Australija

Australia

Atlanto vandenynas

Atlantic

Ramusis vandenynas

Pacific

Indijos vandenynas

Indian Ocean

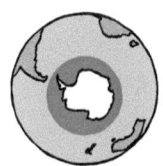

Pietų vandenynas

Antarctic Ocean

Arkties vandenynas

Arctic Ocean

Šiaurės ašigalis

North pole

Pietų ašigalis

South pole

Antarktida

Antarctica

Žemė

earth

sausuma

land

jūra

sea

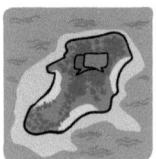

sala

island

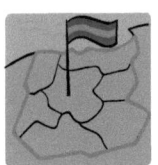

tauta

nation

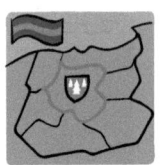

valstybė

state

ciferblatas

clock face

valandinė rodyklė

hour hand

minutinė rodyklė

minute hand

sekundinė rodyklė

second hand

Kiek valandų?

What time is it?

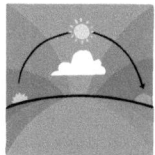

diena

day

laikas

time

dabar

now

skaitmeninis laikrodis

digital watch

minutė

minute

valanda

hour

savaitė

week

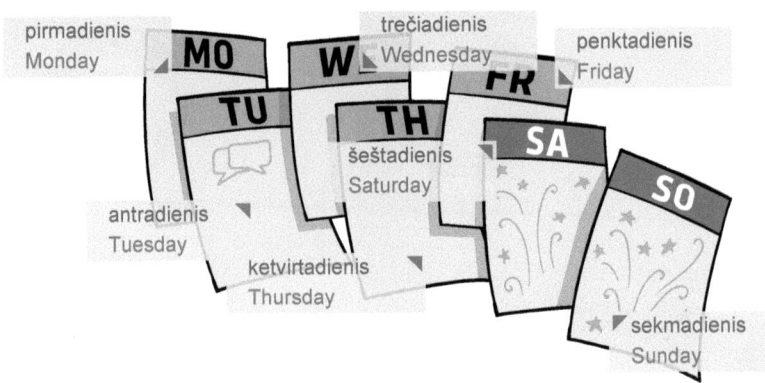

pirmadienis
Monday

antradienis
Tuesday

trečiadienis
Wednesday

ketvirtadienis
Thursday

penktadienis
Friday

šeštadienis
Saturday

sekmadienis
Sunday

vakar

yesterday

šiandien

today

rytoj

tomorrow

rytas

morning

vidurdienis

noon

vakaras

evening

darbo dienos

workdays

savaitgalis

weekend

metai

year

lietus
rain
vaivorykštė
rainbow
sniegas
snow
vėjas
wind
pavasaris
spring
ruduo
fall
vasara
summer
žiema
winter

4.APRIL 11°
5.APRIL 4°
6.APRIL 13°
7.APRIL 8°
8.APRIL 10°

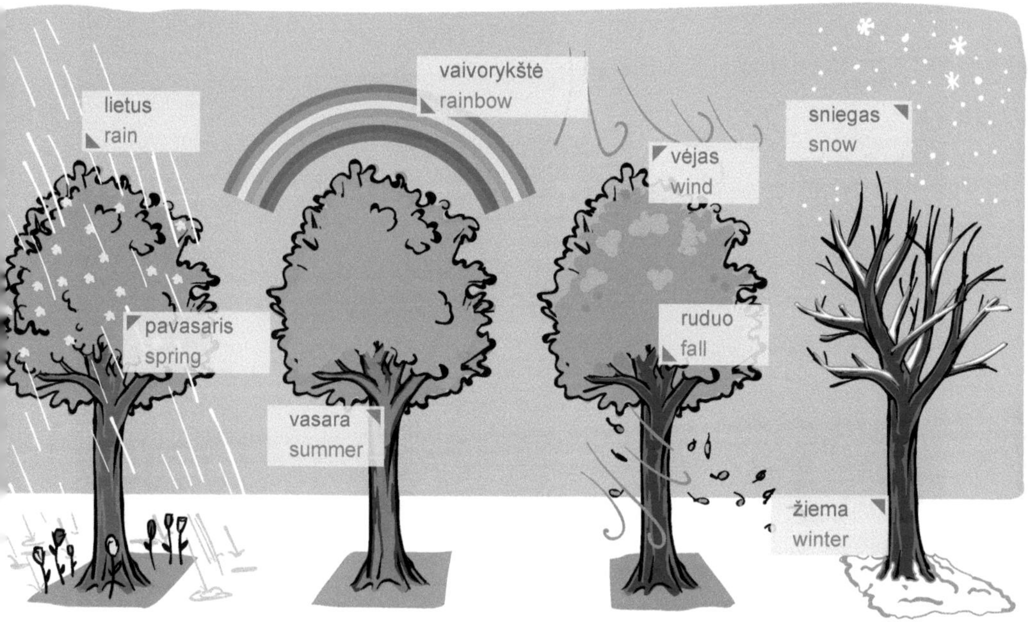

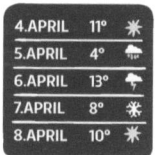

orų prognozė

weather forecast

F
C
120
90
60
30
0
-30
40
30
20
10
0
-10
-20

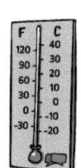

lauko termometras

thermometer

saulės šviesa

sunshine

debesis

cloud

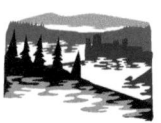

rūkas

fog

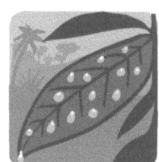

drėgmė

humidity

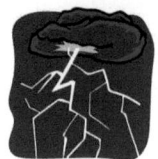

žaibas

lightning

griaustinis

thunder

audra

storm

kruša

hail

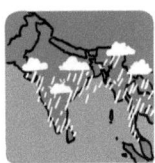

musonas

monsoon

potvynis

flood

ledas

ice

sausis

January

vasaris

February

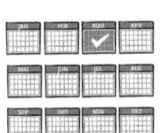

kovas

March

balandis

April

gegužė

May

birželis

June

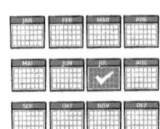

liepa

July

rugpjūtis

August

metai - year

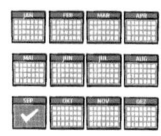

rugsėjis

September

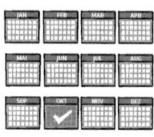

spalis

October

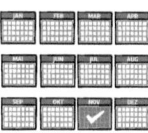

lapkritis

November

gruodis

December

formos
shapes

apskritimas

circle

kvadratas

square

stačiakampis

rectangle

trikampis

triangle

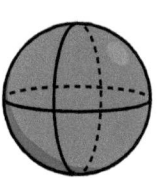

sfera

sphere

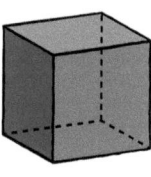

kubas

cube

balta

white

geltona

yellow

oranžinė

orange

rožinė

pink

raudona

red

violetinė

purple

mėlyna

blue

žalia

green

ruda

brown

pilka

gray

juoda

black

daug / mažai
a lot / a little

piktas / ramus
angry / calm

gražus / bjaurus
beautiful / ugly

pradžia / pabaiga
beginning / end

didelis / mažas
big / small

šviesus / tamsus
bright / dark

brolis / sesuo
brother / sister

švarus / purvinas
clean / dirty

užbaigtas / neužbaigtas
complete / incomplete

diena / naktis
day / night

miręs / gyvas
dead / alive

platus / siauras
wide / narrow

valgomas / nevalgomas

edible / inedible

piktas / malonus

evil / kind

linksmas / nuobodus

excited / bored

storas / plonas

fat / thin

pirmiausia / paskiausia

first / last

draugas / priešas

friend / enemy

pilnas / tuščias

full / empty

kietas / minkštas

hard / soft

sunkus / lengvas

heavy / light

alkis / troškulys

hunger / thirst

ligotas / sveikas

ill / healthy

nelegalus / legalus

illegal / legal

protingas / kvailas

intelligent / stupid

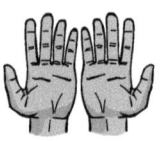

kairė / dešinė

left / right

arti / toli

near / far

naujas / naudotas

new / used

niekas / kažkas

nothing / something

senas / jaunas

old / young

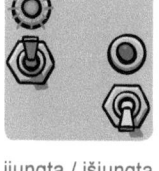

įjungta / išjungta

on / off

atidaryta / uždaryta

open / closed

tylus / garsus

quiet / loud

turtingas / vargšas

rich / poor

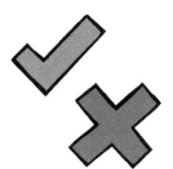

teisus / neteisus

right / wrong

šiurkštus / švelnus

rough / smooth

liūdnas / laimingas

sad / happy

trumpas / ilgas

short / long

lėtas / greitas

slow / fast

drėgnas / sausas

wet / dry

šiltas / šaltas

warm / cool

karas / taika

war / peace

0

nulis
zero

1

vienas
one

2

du
two

3

trys
three

4

keturi
four

5

penki
five

6

šeši
six

7

septyni
seven

8

aštuoni
eight

9

devyni
nine

10

dešimt
ten

11

vienuolika
eleven

12

dvylika
twelve

13

trylika
thirteen

14

keturiolika
fourteen

15

penkiolika
fifteen

16

šešiolika
sixteen

17

septyniolika
seventeen

18

aštuoniolika
eighteen

19

devyniolika
nineteen

20

dvidešimt
twenty

100

šimtas
hundred

1.000

tūkstantis
thousand

1.000.000

milijonas
million

anglų

English

amerikiečių anglų

American English

kinų (mandarinų)

Chinese Mandarin

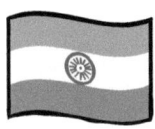

hindi

Hindi

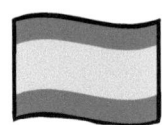

ispanų

Spanish

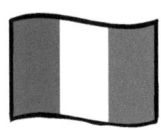

prancūzų

French

arabų

Arabic

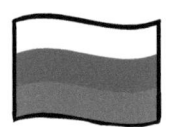

rusų

Russian

portugalų

Portuguese

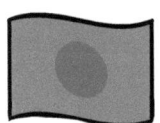

bengalų

Bengali

vokiečių

German

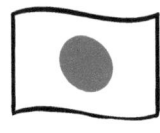

japonų

Japanese

aš

I

tu

you

jis / ji

he / she / it

mes

we

jūs

you

jie

they

kas?

who?

ką?

what?

kaip?

how?

kur?

where?

kada?

when?

vardas

name

where

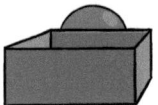

už
....
behind

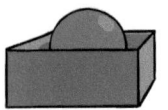

kur (vieta)
....
in

priešais
....
in front of

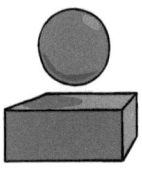

virš
....
over

ant
....
on

po
....
under

prie
....
beside

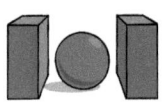

tarp
....
between

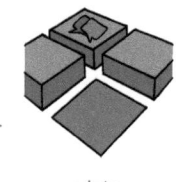

vieta
....
place